NOCES D'ARGENT

DE M. L'ABBÉ

JOSEPH ANTIGNAC

CURÉ-DOYEN D'ÉGLETONS

---

15 SEPTEMBRE 1891

TULLE

IMPRIMERIE DE J. MAZEYRIE

1891

NOCES D'ARGENT

DE M. L'ABBÉ

JOSEPH ANTIGNAC

CURÉ-DOYEN D'ÉGLETONS

---

15 SEPTEMBRE 1891

TULLE

IMPRIMERIE DE J. MAZEYRIE

1891

NOCES D'ARGENT

DE

M. L'ABBÉ JOSEPH ANTIGNAC

Curé-Doyen d'Égletons

Le 15 septembre 1891, la spacieuse et magnifique église d'Égletons s'était parée de ses plus riches atours. Bien belle toujours de sa beauté intrinsèque, elle avait voulu encore rehausser sa splendeur. Le goût le plus exquis avait présidé à sa décoration.

C'était bien l'octave de la Nativité de la douce Vierge Marie ; mais la fête liturgique, si solennelle soit-elle, n'expliquait et ne justifiait suffisamment ni l'abondance et la savante disposition des fleurs et des candélabres aux reflets d'or, ni la multiplicité et l'éclat des lumières, ni encore les flots pieusement recueillis de fidèles qui se pressaient dans la vaste nef.

L'épouse avait sorti de leurs écrins ses joyaux les plus précieux, elle avait mis ses plus riches parures pour honorer la fête de l'époux.

Le pasteur de la paroisse célébrait ses noces d'argent.

A cette fête intime, à ce pieux rendez-vous étaient tout spécialement conviés les condisciples de classe de M. l'abbé Antignac. Cet appel ne pouvait qu'être entendu. Aussi est-ce avec un joyeux et cordial empressement, que des divers points du diocèse, les élèves du même cours sont accourus former autour du cher Doyen d'Égletons, une couronne d'amis et de frères.

Les amitiés de l'enfance et de la jeunesse, quand elles sont pures et vraies, ont un charme qui ne s'altère jamais, et exhalent un parfum dont la suavité embaume et embellit la vie entière. L'affection sincère qui unissait tous les élèves de cette classe, nombreuse cependant[1], a joui de ce privilège, rare peut-être. Nos vénérés maîtres en rendraient témoignage.

Tous assurément n'étaient pas également doués : Dieu dispense les dons et les talents au gré de sa volonté ; il ne doit rien à personne. Mais malgré cette diversité, cette inégalité même de dons et de talents, il est vrai et juste de dire que les lauriers des uns n'ont pas troublé le sommeil des autres. Les succès des plus favorisés n'ont pu jamais faire germer, au cœur d'aucun, un sentiment mauvais et jaloux ; de même les plus heureux, les plus brillants n'ont pas cessé un jour d'être les plus aimants et les plus modestes. Vraie famille de frères ! Il n'y avait qu'un cœur et qu'une âme ! Joies et tristesses étaient ressenties et portées en commun. C'est même cette constante uniformité de sentiments qui a inspiré la pensée de ce pâle et incolore compte rendu, destiné à consigner nos impressions et à perpétuer pour nous le souvenir de la gracieuse fête de ce jour.

Le Grand-Séminaire ouvrit ses portes à ces vingt-six élèves animés de pareils sentiments. Pendant quatre années de méditations et d'études, ces dispositions ne firent que s'accentuer et s'épurer.

Aujourd'hui vingt-cinq ans ont passé sur ces souvenirs si chers. Bien des illusions se sont dissipées, bien des rêves se sont évanouis. Le temps, les sollicitudes, les soucis de toutes sortes ont exercé sur

---

[1] Vingt-six sont entrés au Grand-Séminaire le 1ᵉʳ octobre 1860.

nous leur travail dévastateur. Le corps a vieilli, nos fronts se sont dépouillés de leur couronne, ou cette couronne a blanchi ; mais le cœur est resté ce qu'il était, mais un rêve ne s'est pas évanoui, et notre amitié est aussi chaude, aussi sincère qu'au printemps de la vie. Aussi quel bonheur de nous retrouver aux retraites pastorales et dans quelques autres rares circonstances !

Il y a un peu plus d'un an, Sa Grandeur, dans sa haute sagesse, dont l'éloge n'est plus à faire, appela à l'importante cure d'Egletons M. l'abbé Antignac. Le choix de Monseigneur fut accueilli avec enthousiasme par le diocèse entier, mais tout particulièrement par les condisciples du nouveau Doyen; et tous se crurent honorés par la distinction qui arrivait à l'un d'eux. Si, pour cette promotion, le Prélat avait délégué les condisciples de M. Antignac, à l'unanimité, j'en suis sûr, leurs suffrages auraient désigné l'élu de l'Évêque.

J'écris pour tous mes chers condisciples. Selon leurs désirs, je me dois de rappeler tous les souvenirs qui nous sont chers. Aussi faut-il revenir au Grand-Séminaire. C'est d'ailleurs le vœu de M. le Doyen d'Égletons d'écarter tout ce qui lui serait exclusivement personnel.

Lorsque allait bientôt sonner l'heure de la séparation, avant de quitter la solitude chérie et les maîtres aimés et vénérés, avant de détacher du port la frêle nacelle que menaçaient les flots orageux, comme l'a si bien chanté notre cher Doyen, nous nous étions fait une promesse : c'était de nous aimer toujours, d'entretenir, de fortifier cette amitié, au moyen de réunions qui devaient avoir lieu, autant qu'il serait possible, à des époques déterminées.

C'est en vertu de cette promesse que la classe a eu

le bonheur de se trouver réunie déjà, il y a bien du temps, à Bassignac-le-Haut, à Laval et à Saint-Merd-de-Lapleau, pour fêter les nouveaux pasteurs de ces paroisses, et aussi pour prier ensemble pour les frères que la mort aurait ravis à notre affection. Car en tête du programme de ces réunions, arrêté en commun au Grand-Séminaire, était inscrit un service solennel pour les condisciples défunts.

Hélas! avant de partir du Grand-Séminaire, nous avions eu déjà à pleurer un jeune frère, J.-B. BAZAL. Dieu lui suscita, sans tarder, un successeur dans la milice sacerdotale en la personne de son frère, le très méritant pasteur de Saint-Martin-la-Méanne.

Quelques mois à peine après la sortie du Grand-Séminaire, le plus jeune, le Benjamin de la classe, le bien cher Auguste SOULIÉ, succombait au Petit-Séminaire de Brive le 1er janvier 1865. Il n'avait pas gravi les degrés de l'autel; il était sous-diacre et ne comptait guère que vingt-un printemps. Dieu avait cueilli cette tendre fleur avant son plein épanouissement et l'avait placée près de son trône, là où n'arrive pas le souffle des vents et des tempêtes.

Puisse l'évocation de ce pieux souvenir apporter une consolation nouvelle à sa vénérable mère. Heureuse mère, d'ailleurs! Dieu lui a pris, depuis, encore deux fils pour dignes ministres de ses autels, et une fille pour le cloître.

J.-B. LAFAURIE et R. VEYSSIÈRES furent ensuite les premières victimes que Dieu se choisit au début de leur vie sacerdotale.

L. TEYSSANDIER, que nous avions visité ensemble, lorsqu'il fut installé curé de Laval, fut plus tard, par décision de Mgr l'Évêque, appelé à la cure de Saint-Bonnet-la-Rivière. C'est là que Dieu avait marqué la tombe du bon pasteur, mûr pour le ciel avant le temps. « *Consummatus in brevi explevit tempora multam.* »

Enfin, le 28 juin 1889, L. Teillol, d'abord curé de Saint-Julien-le-Vendomois, s'endormait pieusement dans le Seigneur, à Camps, dont il était le pasteur depuis seulement cinq ans.

Pendant les vingt-cinq premières années de notre sacerdoce, six tombes se sont ouvertes et se sont refermées sur la dépouille mortelle de six amis.

Nous restons encore vingt prêtres. Les uns, suivant les attraits de la grâce, sont allés dépenser au loin, pour la gloire de Dieu et le bien des âmes, l'activité et l'ardeur de leur zèle : J.-B. Bringaud est missionnaire apostolique en Birmanie. — J. Lebrun, après avoir porté la bonne nouvelle de l'Évangile dans le vaste empire chinois, comme missionnaire apostolique, est rentré dans le diocèse, les forces du corps n'étant plus à la hauteur de sa volonté. Il goûte dans sa famille le repos rendu nécessaire par le rude labeur de son apostolat. — E. Laygue se trouve actuellement dans la même situation auprès des siens. — J.-B. Lagarde est professeur de théologie au Grand-Séminaire d'Angoulême. Par suite d'une absence, il n'a pu se joindre à nous, et en a exprimé gracieusement son regret à M. le Doyen d'Égletons. — A. Grelet est attaché au ministère paroissial dans un diocèse voisin.

M. T. Bourneix, curé de Nonards, avait écrit un sermon pour la circonstance; malheureusement, un accident, sans gravité d'ailleurs, a privé ses confrères du bonheur de le voir et de l'entendre. Il a envoyé l'expression de ses regrets et le discours préparé. Merci d'avoir eu cette bonne pensée.

M. T. Combe, curé de Sexcles, a été lui aussi retenu chez lui par une affliction de famille.

— 8 —

Cependant l'heure fixée pour la sainte messe approche ; soudain éclate dans les airs, par-dessus la cité, une joyeuse et bruyante volée ; ce sont les cloches qui appellent les fidèles au temple. Cet appel est aussitôt compris. Une foule émue et attentive remplit l'église éblouissante de l'éclat des cierges, du rayonnement des dorures et de l'étincellement des lustres. Des familles forcément absentes d'Egletons ont fait exprimer à M. le Doyen le regret de leur absence à l'église, à pareil jour.

Douze prêtres, en habits de chœur, vont occuper douze places spécialement disposées pour eux. Ce sont les douze condisciples de M. Antignac :

MM. J.-B. BERCHE, curé de Rilhac-Xaintrie ;
 G. BOUTOUYRIE, curé de Fontmerle ;
 Aug. CHAMBRE, curé de Saillac ;
 Ant. CHAUVINIAT, curé de Ladignac ;
 F. FERRÉOL, curé de Venarsal ;
 S. GRAFFEUILLE, curé de Bassignac-le-Haut ;
 J.-B. MAFFRAND, curé de Saint-Yrieix-le-Déjalat ;
 J.-H. MONMONT, curé de Saint-Julien-Maumont ;
 B.-J. MONTEIL, curé de Chameyrat ;
 G. NIFFLE, curé de Merlines ;
 Ant. PUYJALON, curé d'Astaillac ;
 J. TRAMOND, professeur émérite dans une institution privée.

Les prêtres du doyenné d'Egletons se rangent autour, des deux côtés du chœur.

M. le Doyen monte à l'autel, offrir le saint Sacrifice, aux intentions déjà indiquées.

Les chants liturgiques sont exécutés, avec ensemble et ampleur, par les belles voix des prêtres du cours et du doyenné. Les chantres de l'église apportent le précieux concours de leurs voix vraiment remarquables ; et la petite maîtrise d'Egletons que nous n'hésitons pas à qualifier de *très distinguée*, y prend aussi une part très appréciée.

Nos félicitations bien sincères à ces nombreux enfants de chœur si recueillis, si modestes et si parfaitement exercés !.... M. le Doyen a passé à son excellent vicaire, M. l'abbé Monange qui en aurait le mérite, les compliments que nous lui faisions plus tard à ce sujet.

Mais au milieu des chants liturgiques éclatent tout à coup les accents d'une harmonie puissante, qui partant des profondeurs du sanctuaire, remplit l'immense nef de ses flots mélodieux.

C'est l'orgue qui, sous le jeu savant de Mme de Lamazière, exprime toutes les émotions de nos cœurs et s'identifie à tous les élans de la fête ; c'est le chœur des Enfants de Marie, qui, sous la même direction, exécute, avec soli et chœur à trois voix, une cantate d'un grand caractère, à la louange de Marie reine du clergé.

Après les douces et suaves émotions de la fête religieuse, M. le Doyen réunit à sa table ses condisciples, les vénérés prêtres du doyenné et les chers Frères de la florissante école libre d'Egletons.

Nous nous garderons de parler de la généreuse et large hospitalité de M. le Doyen. M. Antignac est du reste trop avantageusement connu dans le diocèse de Tulle ; chacun sait que, chez notre ami, les qualités du cœur ne cèdent en rien à celles de l'esprit. Il y a des délicatesses qu'il faut savoir ménager.

Disons seulement que la joie débordait dans tous les cœurs. Comment exprimer le bonheur de se trouver ensemble après une séparation si longue ! Se raconter les joies et les tristesses ressenties ; ressusciter, en quelque sorte, le passé, remonter aux jours si purs, si sereins du Petit et du Grand-Séminaire ; rappeler une foule de petits traits et incidents de la vie d'étudiants ! évoquer le souvenir des absents, donner des regrets aux chers défunts. C'est dans ces causeries intimes que se sont écoulées les heures trop rapides de notre réunion.

Inutile de dire que des toasts ont été portés, et des toasts très chaleureux, mais sans apprêt ; ce que le cœur éprouvait, les lèvres l'exprimaient simplement et sans apparat : Longue et heureuse vie au cher Doyen d'Egletons ! Succès et fécondité de son ministère ! Union et affection éternelle de tous les prêtres du même cours !

Dans ces agapes fraternelles, le lien qui nous unissait s'est resserré encore, et il sera indissoluble. Le souvenir de la fête sera précieusement gardé, et ce souvenir sera un nouvel stimulant à notre zèle et à notre dévouement au Christ et à son Eglise.

Cependant le soleil le plus éclatant, le jour le plus pur ont leur déclin ; ainsi toute fête a une fin. La nôtre touche à son terme ; il faut se séparer encore. Le devoir rappelle chaque pasteur au sein de son troupeau. Nous nous reverrons tous ensemble ! C'est notre espoir. Dieu sait s'il se réalisera.

En faisant nos adieux au pasteur, et quittant la ville d'Egletons, nous ne pouvons taire une impression que nous avons tous éprouvée : le prêtre est ici aimé et respecté par cette chrétienne population. Les égards, la politesse prévenante dont nous avons constamment été l'objet en parcourant les rues de la ville, contrastent fort heureusement avec ce que le prêtre est accoutumé à recueillir sur son passage, dans bien des villes, à notre époque. Merci donc aux habitants d'Egletons de leur sympathique courtoisie pour les amis de leur pasteur !

Et maintenant pour clore ce récit, résumons les sentiments et les impressions des condisciples de M. Antignac, en ces trois acclamations : hommages de respectueuse gratitude à Monseigneur l'Evêque de Tulle, pour la décision qui a placé notre confrère à la tête d'une paroisse d'élite ! Félicitations à la paroisse d'Egletons de posséder un tel pasteur ! et au pasteur, honneur et consolation d'avoir un si magnifique troupeau !

Un des Douze
amicus constans et fidelis.

DISCOURS DE M. L'ABBÉ BOURNEIX

Mardi 15 septembre 1891

*Ecce quam bonum et quam jucundum
habitare fratres in unum.* (Ps. 132, 1.)

Monsieur le Doyen,
Mes chers Collègues,
Mes Frères,

C'est ce bonheur de nous retrouver un instant ensemble, après vingt-cinq ans de dispersion, que je voudrais célébrer ce matin en faisant l'éloge d'un prêtre de notre cours.

Il faut que je mette ici une garde à ma bouche : *Pone, Domine custodiam ori meo,* et une barrière de circonspection à mes lèvres, *et ostium circonstanciæ labiis meis* (Ps. 140). Le Saint-Esprit nous avertit, en effet, de ne jamais louer un homme, non-seulement en face : *Non laudes virum in specie suâ,* mais même *de son vivant* ; or, nous sommes en face de M. l'abbé Antignac. Il est plein de vie, Dieu merci, et nous ne sommes certes pas venus ici, nous ses collègues, pour le faire mourir afin de le louer. Malgré cette défense de nos saints Livres, quand on touche à la cinquantaine, longue durée dans la vie d'un homme ! et qu'on porte sur ses épaules, depuis vingt-cinq ans, le noble fardeau du sacerdoce, il est bien permis de s'arrêter un instant. D'ailleurs, l'Église notre mère, qui a les siècles pour elle, aime parfois à arrêter ses prêtres et ses enfants sur la pente du temps. Elle leur fait savourer les grâces reçues, repasser la marche faite, préparer l'avenir qui attend. Lorsqu'il s'agit d'époux, elle leur célèbre joyeusement des noces d'argent après vingt-cinq ans ; puis des noces d'or après cinquante ans : *annum quinquagesimum sanctificabis;* c'est un jubilé pour eux : *ipse est enim jubileus;* et enfin, au bout de soixante-quinze ans, des noces de diamant.

Or, qui est plus époux que le pasteur des âmes ? « Les liens qui l'unissent à sa paroisse, dit un illustre Prélat, sont aussi étroits que ceux qui unissent les époux à leurs compagnes, avec des devoirs non moins forts et sacrés. Par lui naissent, en effet, et s'élèvent et grandissent les enfants du Seigneur. Inséparables comme les époux du foyer, ils confondent leurs intérêts, leur existence, et souvent le pasteur ne quitte le troupeau qu'en désertant la vie. » Vous en avez, mes frères, un exemple frappant, encore récent, dans le pasteur que vous pleurez encore et qui, durant plus de quarante ans, vous conduisit si paternellement dans les pâturages du Seigneur.

Au reste, ce que nous pouvons dire de bien de notre collègue, n'a rien qui puisse blesser sa modestie ni lui inspirer des pensées de suffisance. Les qualités que nous découvrons en lui, lui viennent de Dieu ; ce n'est pas lui qui se les est octroyées : *ipse fecit nos et non ipsi nos.* Il sait en rendre hommage à Notre-Seigneur, l'auteur de tous les dons.

I. M. Antignac est théologien.

Étudier Notre-Seigneur est le devoir de tout chrétien. Le découvrir sous l'écorce des sciences profanes, de la littérature ancienne est le travail auquel doit se livrer toute intelligence d'élite marquée au cachet d'enfant de Dieu, de soldat de Jésus-Christ et de temple du Saint-Esprit. Et lorsque dans une lecture quelconque vous ne trouvez rien de Notre-Seigneur, cette lecture doit vous paraître, comme à saint Bernard, une lecture insipide.

Mais connaître Notre-Seigneur est surtout le travail auquel doit se livrer l'élève du sanctuaire. Le découvrir dans les fables de la mythologie, dans les pages de la philosophie, dans les thèses de la théologie et dans les chefs-d'œuvre des arts est du domaine de ses longues années de préparation au sacrement de l'Ordre, sur les bancs de l'école ou dans les stalles du Grand-Séminaire.

Vous vous rappelez, mes chers collègues, la noble émulation qui régnait entre nous durant les années que nous avons passées ensemble à Servières et à Tulle ? Pas un d'entre nous n'a oublié ces devoirs de seconde où chacun de nous exaltait à l'envi les avantages de la terre natale. La Montagne vantait les ruines de ses vieux manoirs, les poètes sortis de Ventadour, les peintres Cebiles endormis sous les dalles d'une église qui me sera toujours chère ; la Plaine vantait ses gras pâturages et ses nombreux troupeaux. Mais n'est-il pas vrai, que le Pays-bas, avec ses ruines de Turenne, ses coteaux à pierres à fusil produisant une liqueur divine qui nous fait

> . , . . . songer en remerciant Dieu
> Qu'ils n'en ont pas en Angleterre,

avait un terrible jouteur dans l'un d'entre nous que vous devinez sans peine ?

N'est-il pas vrai que dans ces plaidoyers de rhétorique où sous la surveillance d'un *habile maître*, nous discutions les qualités que doit posséder l'orateur pour mieux conquérir les âmes à Notre-Seigneur;

Dans ces thèses de philosophie qui avaient pour but de former notre intelligence à la recherche de la vérité dont nous devions nourrir les fidèles plus tard confiés à notre sollicitude ;

Dans ces dissertations théologiques, où il s'agissait de flageller l'erreur, de démasquer le mensonge des systèmes erronés élevés contre la vérité évangélique, — n'est-il pas vrai que dans ces joutes enfantines où plus d'une fois la pénétration de l'élève déjoue la subtilité du vieux maître, celui que nous fêtons était loin d'être des moins sagaces, des moins lucides et des moins intrépides ?

Aussi nos voix lui furent-elles unanimement acquises le jour où notre cours fut appelé à fournir un agrégé à cette petite académie de Servières dont il devint le président et où l'on dit beaucoup mieux, ou pour le moins aussi bien qu'on ne fait aujourd'hui dans la grande Académie française ; et quand le jour des récompenses arrivait, vous vous rappelez encore les nombreuses couronnes qui venaient ceindre le large front du doyen d'Egletons.

C'est à cause de ce goût prononcé pour les lettres et les sciences que durant plusieurs années notre collègue fut, au Grand-Séminaire, le gardien de l'arsenal littéraire et théologique, c'est-à-dire de la bibliothèque où les élèves allaient puiser des armes pour défendre notre sainte religion.

Qui nous dira les pages enfumées, les bouquins vermoulus qu'il remua durant les années que le précieux dépôt de la science fut commis à sa garde intelligente ! Vous le savez, j'aimais à l'appeler : Joseph *Voragine* ou le *Dévoreur de livres*.

Vous avez vu le théologien, voici l'orateur.

II. M. Antignac est orateur.

Dieu a jeté dans le limon de notre nature de bien belles facultés :

La mémoire qui fait revivre le passé ;

L'imagination qui colore tout ce qu'elle touche de son doigt délicat ;

L'intelligence qui découvre les secrets de la terre, pénètre les mystères des cieux et nous permet d'appeler Dieu notre Père.

Et à côté de ces nobles facultés, le don inestimable de la parole. La parole chante les trésors de la mémoire, les grâces de l'imagination et la majesté de l'intelligence. C'est par la parole que l'orateur remue les masses, soulève son auditoire, lui inspire tour à tour les tressaillements de la joie, les terreurs de la crainte, l'audace du courage.

Plus puissante est encore la parole évangélique. C'est par elle que la face de la terre a été renouvelée. Comme un fleuve majestueux elle s'est promenée dans le monde, du nord au midi, de l'orient à l'occident, *In omnem terram exivit sonus eorum*, et partout elle a renversé les temples des idoles, chassé les vices et fait germer les vertus.

C'est par elle que le prêtre régénère les enfants, délie les consciences, instruit les ignorants, console les affligés, fortifie les mourants, fait descendre le ciel sur la terre en consacrant le pain eucharistique et retient Jésus-Christ captif dans nos tabernacles.

Or, ce don de la parole que tout prêtre doit posséder pour l'édification des âmes, le héros de cette fête le possède pour une large part. Quoiqu'il ne soit votre pasteur que depuis un an, habitants d'Egletons, vous avez pu apprécier son talent de prédicateur, même après la parole coulante et facile de M. l'abbé Spinasse. Cette aisance dans l'art de bien dire, votre Doyen l'avait déjà au Grand-Séminaire. Elle n'a fait que se développer durant son vicariat dans la première église du diocèse de Tulle. Ici, je suis plus à l'aise. Durant plusieurs années, j'ai vu couler le flot aisé de sa belle diction sur les nombreux auditeurs de la Cathédrale, dans les communautés religieuses, dans les murs trop étroits du collège ; et dans mes notes d'aumônier je retrouve avec bonheur l'expression des éloges mérités que lui décernaient les membres de l'Université présents à nos grandes solennités de premières communions ou de messes du Saint-Esprit. Il n'est point jusqu'aux murailles austères des prisons, dont il était l'aumônier, qui ne redisent encore quelque écho des entrainantes instructions qu'il faisait à des malheureux quelquefois condamnés à la peine capitale.

Ce don précieux de la parole, il l'a encore développé au sein de sa paisible campagne de Saint-Clément, laissant au besoin de côté la belle langue française qui résonne si bien sur ses lèvres, pour l'idiome limousin, mieux à la portée de ses humbles villageois. Il l'a enfin développé dans nos fêtes d'adoration perpétuelle que nous sommes si heureux de lui faire prêcher et dans les sanctuaires de Marie. Les pèlerins de Notre-Dame du *Pont-du-Salut* de Corrèze, combien de fois n'ont-ils pas entendu vibrer sa puissante voix ?

Aussi, Monsieur le Doyen, durant votre long séjour à Saint-Clément, vos confrères du canton vous reconnaissant, aussi bien que nous vos collègues de classe, un réel talent dans l'art de bien dire et de traduire votre pensée avec aisance, grâce et lucidité, vous ont-ils maintenu secrétaire des conférences. Qui de nous n'a plusieurs fois admiré les rapports précis et lumineux sortis de votre plume exercée?

III. M. A

III. M. ANTIGNAC EST POÈTE.

Le don de la prédication, mes frères, tous les prêtres peuvent l'avoir dans une mesure plus ou moins grande ; car, après tout, le poète l'a dit : *Fiunt oratores*, on devient orateur à force de porter la parole.

Mais il est un don qu'on n'acquiert point, qu'il faut apporter en naissant; le poète l'a encore dit : *Nascuntur poetæ*, on naît poète.

Or ce langage du ciel que peu de prêtres connaissent, votre pasteur, mes frères, l'a parlé de bonne heure, sinon dès le berceau, du moins dès les bancs de l'école.

Je ne veux point ici vous énumérer les beaux devoirs de classe qu'il nous a donnés en vers, v. g., cette gracieuse fable de *la Guêpe et l'Enfant* que l'académie se hâta d'insérer dans les *Devoirs choisis* des élèves et de livrer à la publicité, et autres fantaisies poétiques qu'il composait en se jouant.

Pour remonter seulement aux premiers jours de ces vingt-cinq ans que nous célébrons, et par conséquent sans sortir des souvenirs de cette fête, laissez-moi vous lire deux mélancoliques poésies empreintes des larmes de notre départ du Grand-Séminaire.

La première, nous la chantions le mercredi, 11 mai 1864, rangés en cercle autour de la statue vénérée de la Madone du Marquisat; c'étaient nos adieux à Notre-Dame du Liban, à nos maîtres vénérés aujourd'hui tous disparus de ce monde, sauf un seul, à nos condisciples aujourd'hui comme nous blanchis dans le ministère, sous le poids du *jour* et de la *chaleur*.

I

« Le jour s'enfuit, et la nuit qui s'incline
« Étend sur nous un voile de douleur.
« Aux derniers chants redits sur ta colline
« Pourquoi faut-il, hélas ! mêler des pleurs ?

« Ils ont passé les beaux jours de la vie ;
« Riant séjour, bosquets délicieux,
« Cèdres mouvants qui couronnez Marie,
« Nos longs soupirs vous disent nos adieux.

II

« Lorsque nos cœurs répandaient leur prière
« Aux doux sentiers de tes détours flottants,
« Tu souriais... et ta lèvre de mère
« Avec amour bénissait tes enfants.

« Doux souvenir, solitude chérie,
« Élans divins, rayons venus des cieux,
« Brûlants désirs, éclos près de Marie,
« Nos longs soupirs vous disent nos adieux.

III

« Sous les berceaux que des mains paternelles
« Dans ces beaux lieux pour nous ont répandus,
« Des anges saints nous couvraient de leurs ailes
« Belles d'amour, brillantes de vertus.

« Maîtres chéris dont la lèvre bénie
« Guidait nos pas vers les sentiers des cieux,
« Mêlant vos noms au doux nom de Marie,
« Nos longs soupirs vous disent nos adieux.

IV

« Vous qui devez sur cet heureux rivage
« Couler encor des jours pleins de douceur,
« Tendres amis dont la riante image
« Est pour jamais au fond de notre cœur,

« Nous vous quittons, et notre âme attendrie
« Forme pour vous le dernier de ses vœux,
« Dormez heureux sous l'aile de Marie,
« Nos longs soupirs vous disent nos adieux.

V

« Oh ! bien longtemps, notre barque légère
« Nous balança loin des flots orageux.
« Nos cœurs formaient une même prière,
« Nos voix disaient les mêmes chants pieux.

« Mais puisqu'enfin sur la mer en furie,
« Seul notre esquif va chercher d'autres cieux,
« Restons unis dans le cœur de Marie,
« Ce doux penser calmera nos adieux. »

La seconde, nous la chantâmes dans les murs du Grand-Séminaire, le 22 mai, le soir même de notre première messe, les lèvres encore teintes du sang de Notre-Seigneur qui, pour la première fois, était, le matin, à notre faible voix, descendu entre nos mains tremblantes :

« Aux sublimes rayons dont notre âme s'éclaire,
« Sous le noble fardeau des ministres de Dieu,
« Portons un dernier chant aux pieds de notre Mère,
« Un dernier chant d'amour, un dernier chant d'adieu.

I

« Qu'il est beau sur nos fronts le divin caractère
    « Qui nous couronne de ses feux !
« Le Seigneur nous tira d'une vile poussière
    « Pour nous élever jusqu'aux cieux !

II

« A nos timides voix, le Roi des cieux s'incline,
    « Il vient s'incarner dans nos mains.
« Nous touchons en tremblant sa personne divine,
    « Mais nous parlons en souverains.

III

« Nos cœurs sont agités d'amour et d'épouvante,
    « Dans le silence du saint lieu.
« Qu'ils sont doux les plaisirs de ta coupe enivrante,
    « Mon Bien-Aimé, mon Dieu, mon Dieu !

IV

« Dieu dépose en nos mains les clefs de sa puissance
    « Pour sonder et guérir les cœurs ;
« Le Prêtre étend la main, la paix et l'innocence
    « Revêtent l'âme des pécheurs.

V

« Non, la terre pour nous n'est plus une patrie
    « Digne d'arrêter nos désirs !
« Ses biens et ses honneurs ne sont qu'une folie,
    « Allons combattre ses plaisirs.

VI

« Mais, hélas! pour lancer nos timides nacelles,
    « Sur les flots battus par les vents,
« Il faut quitter le port où, joyeux et fidèles,
    « S'écoulaient nos jours innocents.

« . . . .

« Pour cet asile saint, aux pieds de notre Mère,
« Un dernier chant d'amour, un dernier chant d'adieu!

VII

« Il faut quitter le port où sous de tendres ailes
    « Nos cœurs goûtaient un doux repos.
« O maîtres vénérés, que vos mains paternelles
    « Nous guident au loin sur les flots!

« . . . .

« Pour nos maîtres chéris, aux pieds de notre Mère,
« Un dernier chant d'amour, un dernier chant d'adieu!

VIII

« Il faut quitter le port, et nos frères demeurent.
    « C'est l'heure du dernier adieu.
« Amis, gardez toujours pour les cœurs qui vous pleurent
    « Un souvenir aux pieds de Dieu.

« . . . .

« Pour nos frères chéris, aux pieds de notre Mère,
« Un dernier chant d'amour, un dernier chant d'adieu!

IX

« En vain nous nous pressons à tes pieds, tendre Mère,
    « Pour unir nos cœurs et nos voix,
« Il faut se dire adieu! Bénis notre prière,
    « Hélas! pour la dernière fois.

« . . . .
« Ensemble réunis aux pieds de notre Mère,
« Un dernier chant d'amour, un dernier chant d'adieu ! »

Ces beaux accents qui nous rajeunissent de vingt-cinq ans, nous font éprouver en ce jour les tressaillements déjà lointains de notre première messe et changent notre douleur de nous séparer alors, en bonheur de nous retrouver aujourd'hui, nous les devons, poésie et musique, à celui qui est devenu le doyen de cette belle église.

Inutile de vous dire, habitants d'Égletons, combien sa voix frissonnante et sonore sait rendre harmonieuses les notes de sa lyre.

Mieux que les anciens troubadours, il sait *faire les vers et les chanter.*

Tel nous avons connu notre collègue durant neuf ans d'études et vingt-cinq ans de prêtrise : théologien, orateur, poète et musicien ;

Tel il vous est arrivé, il y a un an, non pas, heureusement, avec *les restes d'une voix qui tombe et d'une ardeur qui s'éteint,* mais dans la plénitude de ses facultés et dans tout l'épanouissement de ses multiples talents.

Le passé garantit l'avenir. Aussi les acclamations du diocèse, les félicitations de ses collègues et vos propres ovations, habitants de cette ville, ne lui ont pas fait défaut, lorsque la volonté de notre Évêque et l'agrément du gouvernement — cette fois sans retard — sont venus lui dire de *monter plus haut.*

L'accueil que vous lui avez fait, à travers les rues de l'antique capitale des Ventadour, depuis la gare, jusqu'en cette église dont il vous est permis d'être fiers après les sacrifices qu'elle vous a coûtés ; la confiance dont vous l'entourez, nous disent hautement votre bonheur de le posséder.

Il sera le *continuateur* parmi vous de la série des bons prêtres dont s'honore votre église. Il s'inspirera pour faire le bien des belles traditions que lui ont léguées : MM. TALIN et BARGY, les *restaurateurs* du culte divin après le cataclysme du trône et de l'autel ; — M. DESSALES, le premier inspirateur de l'œuvre capitale de l'éducation chrétienne de vos enfants, — et enfin M. SPINASSE, le *consommateur*, avec votre généreux concours, du temple du Seigneur et des athénées où la science et la Religion s'enseignent à vos enfants.

Égletons est une paroisse intéressante qui a des souvenirs que vous saurez recueillir et mettre en relief mieux que personne, Monsieur le Doyen.

Que Dieu vous accorde la grâce de célébrer vos *noces d'or* au milieu de cette population si chrétienne d'Égletons qui vous aime. C'est le vœu bien sincère que forment pour vous, en ce jour de vos *noces d'argent,* ces pieux fidèles réunis à vos anciens collègues de classe, vos amis.

D'une voix unanime, nous vous disons tous :
Ad multos annos tibi Christus dulcia præstet !

Egletons, 15 septembre 1891.

www.ingramcontent.com/pod-product-compliance
Lightning Source LLC
Chambersburg PA
CBHW060722050426
42451CB00010B/1569